SOCIÉTÉ NATIONALE D'AGRICULTURE DE FRANCE

SÉANCE

DU

CENTENAIRE DE M. CHEVREUL

TENUE LE 30 AOUT 1886

SOUS LA PRÉSIDENCE DE M. CHEVREUL

COMPTE RENDU

PAR

M. LOUIS PASSY

SECRÉTAIRE PERPÉTUEL

PARIS
HOTEL DE LA SOCIÉTÉ
18, RUE DE BELLECHASSE

1886

SÉANCE

DU

CENTENAIRE DE M. CHEVREUL

SOCIÉTÉ NATIONALE D'AGRICULTURE DE FRANCE

SÉANCE
DU
CENTENAIRE DE M. CHEVREUL

TENUE LE 30 AOUT 1886

SOUS LA PRÉSIDENCE DE M. CHEVREUL

COMPTE RENDU

PAR

M. LOUIS PASSY

SECRÉTAIRE PERPÉTUEL

PARIS

HOTEL DE LA SOCIÉTÉ

18, RUE DE BELLECHASSE

1886

SÉANCE

DU

CENTENAIRE DE M. CHEVREUL

La Société nationale d'agriculture attendait avec impatience la date désormais célèbre du 31 août 1886. Elle avait à cœur de célébrer dignement le centième anniversaire de la naissance de son vénéré président, M. Chevreul. Cette cérémonie a eu lieu le lundi 30 août, à une heure et demie, dans la salle des séances de la Société.

Au fond de la salle, on voyait sur une estrade la statue de l'*Agriculture*. De chaque côté, les bustes du marquis de Turbilly et de M. Chevreul. Autour de la statue de l'*Agriculture*, s'élevait un massif de fleurs qu'avait envoyées M. de Vilmorin. Devant ce massif, était placé le fauteuil du président, que devait occuper M. Chevreul. A droite et à gauche, les membres de la Société, en grand nombre, s'étaient groupés par Sections. Chaque doyen de Section tenait à la main un magnifique bouquet. Un public d'amis et d'invités remplissait la salle tout entière.

A une heure et demie précise, l'huissier annonce M. le Président. M. Chevreul entre dans la salle, ayant à ses côtés M. Lecouteux, vice-président, et M. Louis Passy, secrétaire perpétuel de la Société. L'assemblée tout entière se lève et applaudit jusqu'au moment où M. Chevreul s'asseoit et donne la parole à M. le Secrétaire perpétuel, qui prononce l'allocution suivante :

« Très cher et très vénéré Président, la France a remporté la victoire du centenaire !

« Angers vous a vu naître le 31 août 1786. Paris vous retrouve dans toute la force de la vie le 31 août 1886. Nous saluons en votre personne un siècle de labeur et de gloire...

« Vous avez été nommé, il y a cinquante-quatre ans, membre de la Société nationale d'agriculture, et, depuis trente-sept ans, vous présidez à ses travaux. Recevez l'hommage de notre vénération et de notre gratitude !...

« C'est avec une piété filiale que la Société nationale d'agriculture célèbre le jour de votre naissance, et l'émotion profonde qui nous domine ne disparaîtra pas dans l'éclat des solennités qui se préparent. Ici, tout est touchant, parce que tout est simple. On cherche à vous faire honneur, mais on cherche à vous faire plaisir, et cette séance est une fête de famille, qui a plutôt pour objet de satisfaire votre cœur que de célébrer votre gloire. Aussi, d'un commun accord, avons-nous décidé qu'un seul éloge ne pouvait absorber cette journée, que tous avaient les mêmes droits de vous présenter successivement leurs hommages, et que j'y joindrais les ardents regrets et les vœux respectueux des malades et des absents. Pour vous rappeler la nouvelle organisation que vous avez donnée à la Société en la distribuant en Sections, chacune d'elles viendra donc vous présenter son compliment. Notre vice-président, au nom de la Société tout entière, vous priera d'accepter un souvenir qui est l'image de votre pensée, poursuivant la vérité sous l'inspiration de la sagesse. Des jeunes gens, auxquels j'ai eu l'honneur de m'associer, ont fait, avec un éclatant succès, appel à vos admirateurs, pour offrir au doyen des étudiants la seule médaille qui fera passer à la postérité le portrait du plus illustre des centenaires. M. Brongniart, l'héritier d'un nom illustre et cher, vous offrira cette médaille.

« Pourquoi n'oserai-je pas à côté de ce portrait gravé dans le bronze avec une merveilleuse fidélité, pourquoi n'oserai-je pas tracer à mon tour votre portrait tel que vous vous êtes révélé dans vos innombrables écrits, et montrer comment votre figure se détache en pleine lumière dans ce cadre du XIXe siècle, que remplit et qu'illumine le génie de quelques savants.

« Vous avez eu le bonheur d'entrer dans la vie, et très jeune dans la pratique de la science, avec des idées fortes et naturellement justes, et vous avez eu le bonheur, plus grand encore, de choisir une carrière qui vous permettait de les appliquer. « Dès « mon enfance, avez-vous écrit, j'avais une ardeur reli- « gieuse pour la vérité » ; et, en effet, dès qu'il vous a été permis de travailler, vous avez poursuivi la vérité avec une persévérance que cent années n'ont pu lasser. Vous trouviez, d'ailleurs, dans Vauquelin, votre maître, une sévère conscience qui le poussait sans cesse aux analyses les plus minutieuses. Ses leçons et votre caractère s'accordaient pour donner à vos premiers travaux une autorité considérable. On ne peut pas oublier que vos célèbres études sur les corps gras datent de 1823, qu'elles ont donné naissance à la bougie stéarique, et assuré de très bonne heure votre popularité. Ainsi, comme par instinct, si on peut appeler instinct une disposition à la fois spontanée et raisonnée de l'intelligence, vous avez accompli une partie de vos plus belles découvertes sans vous rendre compte de la méthode qui vous rendait tout à fait supérieur. C'est plus tard, au moment où, étudiant, comme un chimiste, les principes colorants et les procédés de la teinture, que vous avez reconnu, comme un philosophe, les lois du contraste des couleurs, simultané ou successif, la théorie des ombres colorées et l'art de définir, au moyen de votre cercle chromatique, chaque nuance par un chiffre. Ces découvertes admirables ne pouvaient être faites que par une série d'opérations dont l'examen attentif vous a permis de déduire les règles de la méthode *a posteriori* expérimentale. Bacon, que vous avez médité, avait dit : « Dans toute recherche, il faut em- « ployer la meilleure méthode possible. Il faut exposer « la science avec toute clarté et certitude, sans mélange « de doute et d'obscurité. Or, tout cela est impossible « sans l'expérience. » L'expérience scientifique de Bacon ne vous suffit pas, vous poussez plus loin le scrupule et le devoir ; et vous ajoutez : « J'observe « d'abord, je constate un fait. Je raisonne ensuite mon « observation. Enfin, je fais une expérience pour con-

« stater si mon observation est juste ou si elle ne l'est « pas, et je conclus. » C'est poursuivre l'infaillibilité sans y prétendre comme le conseille l'auteur de *la Recherche de la vérité*, un de vos amis, le Père Malebranche. Au fond, votre sentiment est qu'il vaut mieux ne pas faire une découverte que d'accueillir une erreur. Vous ne voulez pas qu'une innovation s'impose, vous voulez qu'elle justifie pour ainsi dire sa prétention, qu'elle arrive graduellement à conquérir l'opinion, en prouvant qu'elle est bonne. Les théories, ne vous ayant jamais séduit de premier abord, ne vous ont jamais égaré définitivement, car votre esprit positif, se refusant à conclure sur une seule expérience, en introduit immédiatement une seconde pour interpréter et juger la première. Aussi, pour asseoir vos jugements, avez-vous demandé au temps d'être votre collaborateur. Vous saviez que le temps seul fait des savants. Le temps, dont vous avez été le défenseur et le serviteur, vous a servi en toute chose, et s'il s'est mis à votre disposition pour vous permettre d'atteindre bien des vérités, vous, de votre côté, vous avez montré sa toute-puissance sur la réputation des hommes, les progrès de la science et le bonheur de l'humanité.

« Vous avez donc toujours été le même, cher et illustre maître, et c'est le caractère original de votre génie. Vous avez été le même à trente ans, comme à cent ans. Vous avez traversé le siècle d'un pas toujours ferme et mesuré, par la grande route du travail désintéressé, laissant dans vos écrits, d'étape en étape, la marque de votre fidélité à vous-même, de votre passion pour la vérité et de votre foi inaltérable dans la victoire de la science.

« Rien n'est plus intéressant que ce chapitre de votre *Histoire des connaissances chimiques*, où vous avez raconté les entretiens que, pendant quinze ans, vous avez soutenus avec Ampère et Cuvier, touchant la classification des connaissances humaines, les principes et la méthode de la philosophie naturelle. La discussion s'engageait entre Ampère et vous, qui, tous deux amis de la vérité, la poursuiviez tous deux par des voies diverses; cette discussion se retrouve dans la comparaison que Fontenelle a établie si heureusement entre Descartes et Newton; entre ce Descartes que vous avez un peu critiqué et ce Newton auquel vous avez consacré une admiration passionnée. « L'un, disait Fontenelle, en parlant de Descartes, — et je confonds ici Descartes et Ampère, — l'un, prenant un vol hardi, a voulu se placer à la source de tout, se rendre maître des premiers principes par quelques idées claires et fondamentales, pour n'avoir plus qu'à descendre aux phénomènes de la nature comme à des connaissances nécessaires. L'autre, disait Fontenelle en parlant de Newton, — et je confonds ici Newton et Chevreul, — l'autre, plus modeste, a commencé sa marche par s'appuyer sur les phénomènes pour remonter aux principes inconnus, pour les admettre, quels que pût les donner l'enchaînement des connaissances. Celui-ci (c'est Descartes, c'est Ampère), part de ce qu'il entend nettement, pour trouver ce qu'il voit; celui-là (c'est Newton, c'est Chevreul), part de ce qu'il voit pour en trouver la cause, soit claire, soit obscure. Les bornes qui, dans ces deux routes contraires, ont pu arrêter des hommes de cette espèce, ce ne sont pas les bornes de leur esprit, mais celles de l'esprit humain. »

« Si j'ai rappelé le parallèle de Descartes et de Newton, pour comparer ensuite les vues supérieures d'Ampère et de Chevreul, ce n'est pas seulement pour rehausser votre éloge par le jugement d'un maitre en l'art de bien dire, ou pour marquer les analogies et les différences naturelles qui rapprochent ou séparent les plus grandes intelligences, c'est pour constater que Newton et vous-même n'avez pas seulement eu des rapports par certaines dispositions de l'esprit, mais par la similitude de plusieurs de vos travaux, que les recherches de Newton sur l'optique se relient à vos études sur les couleurs, comme son ouvrage sur les *principes mathématiques de la philosophie naturelle* se rattache à votre *Distribution des connaissances humaines qui sont du ressort de la philosophie naturelle*. « Quel malheur, me disiez-vous, il y a quinze jours, à propos d'une communication à l'Académie des sciences, Newton n'est pas encore connu ! » Quant à vous, cher maitre, vous êtes connu du monde entier et vous avez marqué fièrement votre place, et pour jamais, dans le domaine de la science. On sait que vous laissez à d'autres la responsabilité des théories nouvelles et les honneurs passagers de chefs d'école. Dépouillant toute pensée d'ambition et d'orgueil, vous humiliant pour ainsi dire dans une défiance perpétuelle de votre propre travail, ne comprenant pas le bonheur de la vie et la perfection de l'esprit sans la recherche et la découverte de la certitude, vous vous contentez de vous déclarer publiquement et sincèrement l'ami de la vérité et le doyen des étudiants.

« Si j'ai réussi à rassembler fidèlement quelques traits

de votre caractère et à mettre en lumière l'originalité de votre génie, je n'ai fait que vous écouter et vous lire; mais je ne serais pas l'interprète de vos pensées les plus intimes, si je ne saisissais l'occasion d'imiter votre exemple et de faire partager à votre père et à votre mère les honneurs de votre centenaire. Vous avez placé en tête de votre ouvrage fondamental sur la méthode *a posteriori* expérimentale la dédicace suivante : « A la mémoire de Michel Chevreul et d'Étien-« nette-Madeleine Bachelier, hommage respectueux du « fils reconnaissant du sens moral et de la bonne santé « qu'ils lui ont transmis. » Et vous avez daté : le 31 août 1869, et vous avez écrit de votre main : « le quatre-vingt-troisième anniversaire de ma naissance ! »

« C'est aller au-devant de vos désirs que de nous unir à vous dans ce pieux hommage, le centième anniversaire de votre naissance; mais ne me sera-t-il pas permis d'ajouter que si vous reportez à vos parents l'honneur du sens moral et de la bonne santé qu'ils vous ont donnés, vous avez mis, dès votre enfance, une inflexible rigueur au service de votre conscience; vous avez fortifié votre génie naturel d'observation en l'appliquant à vous-même et imposé à votre constitution, à votre esprit et à vos sentiments cette méthode de réflexion et de contrôle qui ont fait de vous un modèle dans la science et dans la philosophie. — Comme il est impossible de ne pas honorer votre caractère, on est conduit à honorer votre méthode, car vous avez été votre méthode vivante.

« Il est maintenant bien aisé de comprendre qu'avec la forte volonté de n'être pas la dupe de vous-même, d'échapper à l'équivoque, d'atteindre la certitude et de ne point vous reposer avant d'avoir obtenu un résultat presque incontestable, vous étiez destiné à faire faire, par la chimie, des progrès très rapides aux arts, à l'industrie et à l'agriculture. Il est aisé de comprendre, comme le disait Dumas au banquet du cinquantenaire, pourquoi « dans tout pays civilisé le savant, dès « sa jeunesse, s'est accoutumé à vénérer votre nom, « l'artiste à méditer vos œuvres, le fabricant de tissus « à mettre vos leçons à profit, le philosophe à venir à « votre école, l'agriculteur à régler ses opérations « d'après vos préceptes, la ménagère elle-même à vous « bénir. » Il est aisé de comprendre pourquoi vous vous êtes attaché à notre Société, toute de pratique et d'observation, et pourquoi vous laisserez dans nos *Mémoires* et dans le *Bulletin* de nos séances des trésors de forte analyse, de fine critique et d'observations élevées.

« Au point de vue purement agricole, vous êtes tout entier dans ces *Mémoires* et dans ce *Bulletin*. On y verra qu'en cette matière si ondoyante et si diverse de l'agriculture vous ne vous aventurez à porter des jugements qu'avec beaucoup de réserve. Vous avez toujours soutenu que l'art de l'agriculture ne consistait pas à faire donner à la terre le maximum de produits, si l'on ne parvenait pas au minimum de dépenses. Le maximum de produits et le minimum de dépenses ne peuvent être atteints que par une connaissance scientifique de la terre que chacun cultive, et la préparation de la terre a été l'objet de vos méditations. Voilà pourquoi vous avez dit : « Le but définitif de mes recherches est de connaître l'action et la réaction du sol, des engrais et de l'atmosphère par des expériences méthodiques », et, en effet, vous avez toujours cédé au penchant qui vous portait naturellement à étudier les rapports des choses, les influences des phénomènes et des faits les uns sur les autres, comme vous avez étudié l'association des couleurs, l'association des idées, les harmonies providentielles de la nature. L'agriculture ne comportant jamais de résultats absolus et étant condamnée à progresser par des expériences successives que des faits nouveaux modifient sans cesse, vous trouviez dans cette étude le champ le plus vaste et le plus naturel pour y semer vos saines pensées et vos sévères calculs, et pour justifier la méthode qui domine votre vie scientifique tout entière, méthode que vous avez appliquée à toutes les connaissances humaines.

« Ce n'est pas la raison scientifique toute seule qui vous a établi comme chez vous dans cette vieille et noble maison de la Société nationale d'agriculture. Vous y avez été attiré et retenu par le charme des relations et un perpétuel échange de cordiales sympathies. « Si j'ai atteint un âge assez avancé où bien des choses s'oublient, nous disiez-vous récemment, cependant le titre de doyen des étudiants de France vit encore en moi. Chaque jour, j'apprends quelque chose, des principes s'affermissent, d'anciennes erreurs s'effacent et, heureusement encore, le cœur est dans toute sa force. » Oui, très cher et vénéré maître, le cœur a toujours été dans toute sa force. Au milieu des succès scientifiques qui vous ont fait le doyen respecté de la science humaine et le citoyen du monde entier, vous n'avez jamais oublié Angers, votre ville natale ; Paris, votre ville d'adoption ; la France, votre patrie. La France s'en souvient. Vous avez traversé toutes les révolutions d'un siècle qui en a vécu, et, toujours placé au-dessus des passions et des luttes de la politique, vous avez tour à tour recueilli, dans toutes les générations et dans tous les partis, des amitiés que vous n'avez jamais désavouées.

« Je ne veux pas évoquer le souvenir des amitiés illustres qui, à travers ce siècle, ont servi de cortège à votre gloire. Je ne veux pas rappeler les noms de nos confrères de la Société d'agriculture que vous avez aimés par le cœur ; mais, pour donner à la solennité de ce jour son véritable caractère, je vous parlerai d'un homme que vous avez aimé avec l'esprit et auquel vous vous êtes attaché à travers le temps par des liens invisibles, et dont vous nous avez parlé vingt fois dans les termes les plus élogieux et les plus reconnaissants. C'était un de vos compatriotes, il était Angevin. Voici son portrait : c'est le premier président élu de la Société d'agriculture, c'est le marquis de Turbilly. Un jour, cédant à un accès de juvénile ardeur, — vous n'aviez que quatre-vingt-dix ans, — vous vous êtes écrié : Honneur et gloire à notre premier fondateur ! Le jour n'est-il pas venu de nous écrier, à notre tour, en portant successivement nos regards sur ces bustes qui représentent le Président d'autrefois et le Président d'aujourd'hui : « Honneur et gloire à notre second fondateur, au Président perpétuel de la Société nationale d'agriculture, à l'immortel Chevreul ! »

M. Lecouteux, vice-président, prend ensuite la parole pour offrir également à M. Chevreul ses félicitations et ses hommages, et, au nom de la Société tout entière, une réduction en bronze d'un bas-relief représentant la *Pensée*, et signé Chapu. Sur le socle, a été gravée l'inscription suivante :

A M. Chevreul,
membre de la Société nationale d'agriculture
depuis 1832,
son président depuis 1849.
Hommage de ses confrères. Le 31 août 1886.

M. Lecouteux s'exprime en ces termes :

« Très aimé et honoré Président, encore quelques heures et vous aborderez vaillamment, riche de santé et de glorieux souvenirs, votre second siècle d'existence.

« Encore quelques heures, et la France, justement fière de l'un de ses fils les plus méritants, célébrera le centième anniversaire de votre naissance. Non moins fière, non moins reconnaissante, la Société nationale d'agriculture de France, qui vous compte depuis cinquante-quatre ans parmi ses titulaires, a tenu à honneur de vous fêter à la veille de la grande manifestation du 31 août, aux confins de vos deux siècles. Pour elle, vous n'êtes pas seulement le doyen des étudiants ; vous êtes son doyen ; vous êtes, par l'élection, son président perpétuel depuis un demi-siècle bientôt.

« Quelle carrière que la vôtre, très cher maître ! Né le 31 août 1786 à Angers, vous assistez, encore enfant, à plusieurs des drames les plus émouvants de l'époque révolutionnaire. Contraste significatif et tout à votre honneur ! Autour de vous, tout s'agite, et vous travaillez, vous créez presque de toutes pièces, par la méthode expérimentale, la chimie organique, magnifique point de départ d'une révolution agricole et industrielle. A dix-sept ans, vous êtes admis dans la manufacture des produits chimiques de Vauquelin, à Paris. A peine comptez-vous vingt-quatre ans, et vous êtes le préparateur de ce célèbre chimiste au Muséum, dans ce milieu des hautes études où plane le génie des sciences. En 1824, vous êtes nommé professeur de chimie aux Gobelins et directeur des teintures. En 1826, vous succédez à Proust à l'Académie des sciences. En 1830, vous êtes professeur au Muséum, pour en devenir le directeur de 1864 à 1879. Et c'est ainsi qu'aux noms les plus illustres du monde scientifique, votre patrie, cher maître, ajoute sur son livre d'immortalité le nom de Chevreul.

« Permettez-moi, cher Président, d'évoquer un souvenir qui se rattache plus spécialement à notre Société. C'était le 5 mars 1882. La Société fêtait votre cinquantenaire d'élection. Son vice-président, Dumas, un grand maître aussi, avait accepté la belle mission d'écrire et de lire, sur votre carrière scientifique, une de ces pages d'histoire qui restent l'honneur de l'homme dont elles retracent les œuvres, de l'homme qui les a écrites, du pays qui ne doit et ne peut les oublier. Ce fut une douce fête que celle-là, où vos confrères, émus, se donnèrent rendez-vous à une date plus grande encore.

« Et ce jour-là aussi, un de ces jours d'effusions où les cœurs et les esprits sont au même diapason, un ministre ouvrait la série des toasts en nous annonçant que le buste de M. Chevreul serait exécuté aux frais de l'État pour être offert à la Société par M. Chevreul lui-même. Ce buste, messieurs, est maintenant dans la salle de nos séances. Il y restera en l'honneur du président qui a su faire aimer l'agriculture par la science et la science par l'agriculture.

« Le buste de M. Chevreul perpétuera dans la Société d'autres souvenirs encore. Il rappellera le maître dévoué à la jeunesse des écoles, et qui, aux jours de deuil de la patrie, alors que se posaient, pour notre capitale assiégée, les plus difficiles problèmes de l'alimentation, de l'hygiène, du chauffage, de l'éclairage, alors que les obus pleuvaient sur Paris, sur les asiles jusque-là les plus respectés, sur le Muséum entre autres, prouva que, dans la poitrine du savant, battait un cœur de patriote, un cœur vibrant aux poignantes émotions de l'adversité, un cœur inaccessible aux désespoirs et aux défaillances.

« Tel est, messieurs, le prestige des grands talents et des grands caractères. Demain, toutes les nationalités qui savent honorer la science et tous les genres de courages seront unies dans une même communauté de sentiments envers notre président centenaire. Demain, illustre maître, vous serez le héros d'une imposante manifestation qui montrera notre patrie sachant faire la part de toutes ses gloires. Demain, les bruits de la grande ville seront répercutés par les plus lointains échos redisant le nom sympathique de Chevreul.

« Recevez, très aimé Président, recevez, comme prélude à vos joies indicibles de demain, notre objet d'art. Il représente, sur le bronze durable, la Pensée s'inspirant aux sources supérieures du beau, du bien, de l'utile. Il symbolise votre vie de chercheur de vérités, qui ne rencontrent d'autres frontières que celles de la résistance au progrès. Il vous est offert par la Société nationale d'agriculture de France, qui, profitant de vos leçons, aspire à l'honneur d'élever l'agriculture aux plus hauts sommets scientifiques que vous lui avez montrés. Ce sera sur ces sommets que la postérité, à l'exemple de vos contemporains, vous saluera toujours, rayonnant à travers les temps et les distances. »

M. le SECRÉTAIRE PERPÉTUEL annonce à M. Chevreul que les doyens de chaque Section réclament l'honneur de lui offrir tour à tour leurs hommages.

Alors chaque doyen s'avance, et, remettant un bouquet à M. Chevreul, lui présente les compliments de sa Section.

M. DAILLY parle le premier, au nom de la Section de grande culture :

« Cher et illustre Président, on peut considérer comme votre œuvre la formation de notre Société en Sections, qui a eu pour effet d'imprimer à ses travaux une excellente direction.

« Chacune de nos Sections a donc le droit de vous regarder comme un père, bien digne de sa reconnaissance et de son affection.

« La Section de grande culture, dont je suis le doyen, est heureuse de trouver, la veille de vos cent ans, une occasion solennelle de vous présenter l'hommage de sa profonde vénération et de son complet attachement.

« Chargé, avec nos confrères MM. Pluchet et Heuzé, par la Société d'agriculture et des arts de Seine-et-Oise, de vous adresser ses félicitations à l'occasion de la célébration de votre centenaire, nous sommes, tous les trois, heureux d'avoir à remplir aujourd'hui près de vous cette mission. »

M. CHATIN, au nom de la Section des cultures spéciales :

« Cher Président, je suis heureux d'avoir à vous présenter, au nom de l'une de ces Sections que vous avez créées à l'image de celles de l'Institut, nos félicitations cordiales et nos vœux.

« La Providence, qui a marqué son intérêt à notre Société, à la fois savante et pratique en conformité de vos anciens et impérissables travaux, voudra, nous en avons le ferme espoir, vous garder longtemps encore à notre tête. Nous lui en adressons l'ardente prière. »

M. Bouquet de la Grye, au nom de la Section de sylviculture :

« Cher maître, je suis heureux de vous présenter les hommages de la Section de sylviculture et les vœux que tous ses membres font pour la conservation de votre santé.

« Notre désir le plus vif est de pouvoir vous exprimer souvent encore les sentiments de vénération et de profond attachement que nous avons pour vous. »

M. Gareau, au nom de la Section d'économie des animaux :

« Je viens, mon cher Président, vous présenter tous nos souhaits au nom de la Section d'économie des animaux. Je ne pourrais que vous répéter que ce qui vient déjà de vous être si bien dit ; mais pour moi, personnellement, qui, depuis trente-trois ans seulement, ai eu le bonheur de vivre sous votre présidence, je ne saurais dire trop haut, moi simple praticien, combien vous, prince de la science, vous avez toujours su concilier les difficultés de la pratique avec les données de la science.

« Recevez encore, vénéré Président, nos vœux les plus cordiaux pour la continuation de votre splendide santé et de votre haute intelligence. »

M. Josseau, au nom de la Section d'économie, de statistique et de législation agricoles :

« Cher et vénéré Président, la cinquième Section vient à son tour vous offrir, avec ces fleurs, l'expression de son affection sincère et son respectueux hommage. Elle me charge d'y joindre les vœux ardents qu'elle forme pour que la Providence conserve bien longtemps encore une existence si chère à tous et que vous avez toujours exclusivement consacrée à la gloire de la France !

« Je suis chargé, avec plusieurs de nos confrères, MM. de Dampierre, Bertin, Pluchet et Muret, de vous renouveler, au nom de la Société des agriculteurs de France, les vœux que forment la Section dont je suis l'interprète. Je vous prie d'en agréer l'hommage.

M. Renou, au nom de la Section des sciences physico-chimiques agricoles :

« Mon cher Président, permettez-moi de passer sous silence tous vos titres scientifiques, si souvent mis en lumière. J'ai l'honneur de faire partie de la même Section que vous, celle des sciences physico-chimiques agricoles ; croyez bien que je n'oublierai jamais votre bienveillance pour moi.

« Veuillez accepter ce bouquet comme hommage de toute notre Section. »

M. Prillieux, au nom de la Section d'histoire naturelle agricole :

« Cher maître, une voix plus autorisée que la mienne devrait vous exprimer aujourd'hui les vœux de la Section d'histoire naturelle. En l'absence de notre savant doyen, M. de Quatrefages, permettez-moi de vous offrir l'expression de la respectueuse affection de nos confrères. Permettez-moi aussi, cher maître, de vous présenter spécialement l'un d'eux, M. Timirjaseff, qui est arrivé de Moscou ce matin même pour vous apporter l'hommage de ses collègues de l'Université de Moscou et de l'Académie d'agriculture de Petropolowsky. L'éclat de votre vie scientifique rayonne bien au delà de nos frontières : vous avez éclairé la Russie comme la France!... Nous sommes heureux de nous sentir tous unis auprès de vous, en ce jour, dans un même sentiment de reconnaissance et d'admiration. »

M. Grandvoinnet, au nom de la Section de mécanique agricole et des irrigations :

« La maladie du doyen de la Section de mécanique agricole et des irrigations me laisse l'honneur de vous présenter les félicitations et les vœux de cette Section. Vous savez combien nous vous aimons et révérons, non seulement pour l'importance de vos travaux et la persévérance de vos études, mais aussi pour l'élévation et l'aménité de votre caractère. Accueillez donc nos vœux sincères pour votre santé au seuil de votre second siècle. »

M. le duc de Noailles, au nom de la Section hors cadre des associés nationaux :

« Cher et vénéré Président, c'est au nom des membres absents comme des membres présents de la Section hors cadre que je vous prie d'agréer ce bouquet, avec l'expression de notre sympathie respectueuse pour un maître de la science et de notre affection dévouée pour l'homme éminent à tous égards dont la présidence a honoré pendant tant d'années et honorera longtemps encore la Société nationale d'agriculture de France.

« Je m'estime personnellement fort heureux de me trouver désigné pour vous rendre hommage dans cette solennité de votre glorieux centenaire : c'est pour moi un grand honneur, et ce sera toujours un précieux souvenir. »

M. Triana, au nom des membres étrangers de la Société :

« Mon cher et vénéré Président, le fait d'être le seul parmi vos confrères étrangers qui soit actuellement présent à Paris me vaut l'honneur inestimable de vous offrir en leur nom ce bouquet. En vous le remettant, je me fais ici l'écho de ceux qui, en différentes parties du monde, témoignent de l'universalité de votre gloire.

« Vous avez de l'autre côté de l'Océan et partout de plus illustres admirateurs; mais daignez accepter du plus reconnaissant de vos confrères étrangers ses vœux pour la conservation de votre précieuse santé. »

M. Chevreul remercie M. le Dr Triana pour les vœux dont il se fait l'interprète et pour la part décisive qu'il a prise, cette année même, au rétablissement de sa santé.

Enfin, M. Laverrière, bibliothécaire-archiviste de la Société et l'un de ses correspondants, se fait l'interprète des correspondants de la Société. Il s'exprime en ces termes :

« Monsieur le Président, au nom des correspondants de cette Société dont vous êtes le chef illustre, j'ai l'insigne honneur de vous offrir l'hommage de la profonde vénération qu'ils éprouvent pour votre personne, et les vœux ardents qu'ils forment pour que la divine Providence vous conserve pendant longtemps encore à leur tête, et vous permette ainsi de continuer à leur donner le salutaire et fortifiant spectacle d'une existence vouée tout entière à la recherche constante du vrai, du bien, de l'utile. »

Après tous ces hommages rendus par la Société à son vénérable doyen, M. Passy rappelle à M. Chevreul qu'un comité de jeunes gens s'est formé pour lui offrir la médaille commémorative de son centenaire. Il se félicite d'avoir accepté de faire partie de ce comité, et il prie M. Chevreul de vouloir bien donner la parole à M. Charles Brongniart, président du comité.

M. Brongniart s'avance et prononce l'allocution suivante :

« Très cher et très vénéré maitre, vous êtes le doyen de tous les savants du monde ; mais en venant vous saluer aujourd'hui, c'est surtout au doyen des étudiants que je m'adresse, puisque c'est le titre que vous semblez affectionner. En le préférant, vous avez voulu nous dire que les limites de la science ne seront jamais atteintes, et qu'on doit, à tout âge, si savant qu'on puisse être, chercher à accroître la somme de ses connaissances. — La jeunesse studieuse qui vous prend pour exemple, et que vous avez toujours encouragée de vos conseils, considère donc comme un honneur de venir vous apporter, en cette solennelle circonstance, le témoignage de sa profonde admiration et de son plus filial respect. — Les savants de l'univers, qui reconnaissent en vous un de leurs représentants les plus illustres ; les industriels français, pour lesquels vos découvertes ont été une source intarissable de prospérité, ont tenu à honneur de participer à cette manifestation, due à l'initiative de vos jeunes admirateurs ; tous se sont unis dans un même élan pour vous offrir une médaille commémorative. — Cette médaille, ô notre bien affectionné doyen, transmettra à la postérité les traits du grand Français dévoué à la science et à la gloire de notre chère patrie ; elle perpétuera, dans un rayonnement séculaire, la physionomie de ce bienfaiteur universel. Car c'est vous, est-il besoin de le rappeler, ce courageux qui, considérant la science comme l'apanage de toutes les nations, a été justement indigné et a su protester énergiquement, pendant le siège de Paris, le jour où l'on a fait servir la précision scientifique à la destruction des collections du Muséum d'histoire naturelle, ce patrimoine de tout le monde savant. — Daignez donc agréez, très cher et très vénéré maitre, ce témoignage du respect et de l'admiration de toutes les nations civilisées. »

M. Brongniart remet à M. le Président la médaille du centenaire. Au droit, cette médaille représente le portrait de M. Chevreul avec cette inscription :

Michel-Eugène Chevreul,
membre de l'Académie des sciences.

Au revers, M. Chevreul est assis et reçoit des palmes

que lui présente la Jeunesse. Autour de cette scène sont gravés les mots suivants :

La jeunesse française au doyen des étudiants.
31 août 1786. 31 août 1886.

M. Passy annonce à M. Chevreul que la liste de tous les souscripteurs de la médaille lui sera soumise et sera publiée très prochainement. Il présente à M. Chevreul M. Roty, ancien pensionnaire de l'Académie française à Rome, auteur de la médaille. M. Chevreul serre les mains de M. Roty avec effusion et lui adresse ses remercîments et ses félicitations.

M. Passy, remplaçant un des membres du comité de la médaille, M. Léonce de Quatrefages, absent, à son grand regret, pour cause de maladie, remet à M. Chevreul une médaille commémorative qui est offerte au doyen des étudiants par l'Association générale des étudiants de Nancy.

M. Passy annonce qu'il a reçu plusieurs télégrammes de Sociétés savantes et de communes de France, et les met sous les yeux de M. Chevreul. Il donne lecture du télégramme suivant :

« La Société impériale des naturalistes de Moscou envoie ses félicitations sincères à M. Chevreul, illustre doyen des savants du monde entier.

« *Secrétaire-professeur* : Lindeman. »

« Cher maître, reprend M. Passy, vous êtes ici chez vous, entouré, non seulement de vos confrères, mais de nombreux amis, et je vous demande de vouloir bien autoriser M. Lenoël, président de la Chambre syndicale des stéariniers, à prendre la parole. »

M. Lenoel s'approche et prononce les paroles suivantes :

« Cher et illustre maître, président de la Chambre syndicale de la stéarinerie, j'ai cru devoir recueillir dans un album, à l'occasion de votre centenaire, les lettres de félicitations des stéariniers du monde entier. En vous remettant cet album, souvenir de toute notre admiration et de notre reconnaissance, je forme le vœu que, pour la gloire de notre patrie, vous puissiez longtemps encore l'enrichir de vos travaux. »

M. Chevreul exprime à M. Lenoël combien il est sensible à ce souvenir et à cette manifestation.

Pendant cette cérémonie touchante, M. le Président a donné à plusieurs reprises des marques d'une vive émotion, et c'est pourtant d'une voix très sûre et très calme qu'il remercie en ces termes ses confrères et ses amis :

« En voyant tout ce que je vois et en entendant tout ce que j'entends, je ne saurais assez vous dire quel est mon embarras. Je voudrais cependant remercier dignement tous mes camarades : vous permettrez que j'emploie aujourd'hui ce mot, qui n'est pas déplacé dans la bouche du doyen des étudiants.

« C'est que, si je ne suis plus un jeune homme, je ne suis pas non plus un ci-devant jeune homme. Je suis trop ami de la vérité pour poser pour ce que je ne suis pas. Dans la pièce du *Ci-devant jeune homme*, qu'on donnait aux Variétés, celui-ci demandait à son tailleur, pour mieux suivre la mode qui était d'avoir des pantalons très collants, de lui faire un pantalon si collant qu'il ne puisse pas y entrer. Je cite cette anecdote pour montrer que, dans une longue vie, tout change bien des fois, qu'il faut s'attendre à tout et se préparer même à des événements imprévus. C'est ainsi que mon centenaire est une surprise pour moi-même.

« On a eu raison de dire tout à l'heure que j'avais toujours eu confiance dans le temps. C'est une mode d'être pessimiste. En ce qui me concerne, je ne suis absolument ni pessimiste ni optimiste ; mais quand on vieillit, on devient par la méditation optimiste à un point de vue général. On voit qu'avec le temps le progrès se fait inévitablement, et il se fera plus vite encore par le secours de la science. La race humaine est perfectible et c'est ce qui fait sa supériorité. L'histoire même du siècle nous donne cet enseignement.

« J'ai, à cent ans, des souvenirs de l'âge de cinq à six ans. Ces souvenirs de ma jeunesse sont bien douloureux. Ils datent de la sanglante époque de la Révolution, et dans l'ouest la guerre civile exerçait alors ses ravages. Il est évident que malgré les luttes contemporaines, les mœurs se sont adoucies, et nous sommes autorisés à espérer que nous ne reverrons plus de pareils jours. Et puis les voyages se font maintenant si facilement, que les peuples vivent les uns chez les autres et que les savants se donnent la main à travers les distances et se regardent comme des amis. Je parle des savants, mais je parle aussi des hommes au cœur chaud et aux idées généreuses. Aussi la paix universelle qui semblait autrefois un rêve deviendra peut-être une réalité. Voilà mes souhaits, voilà les bienfaits du temps, dans lesquels je voudrais voir les générations nouvelles avoir plus de confiance.

« Je remercie M. Passy, M. Lecouteux, M. Brongniart, tous les orateurs de cette journée et mes excellents confrères de leurs bonnes paroles. Je remercie le comité qui s'est occupé de la médaille commémorative de mon centenaire. M. le Secrétaire perpétuel m'a adressé une allocution qui m'a vivement touché. M. Passy me connaît bien ; mais surtout je tiens à lui dire qu'il a bien fait de parler de Newton comme il en a parlé. Newton était un homme de génie. Je ne saurais trop le répéter, et je souhaite qu'on apprenne à l'étudier et à le connaître comme je le connais. Quand Newton a dit que la couleur était en nous, quand il a dit qu'il fallait chercher la cause de la cause, il a dit la vérité même, à la recherche de laquelle j'ai consacré ma vie. Il m'est très agréable qu'on m'ait fourni aujourd'hui l'occasion d'envoyer à l'Angleterre le souvenir de mon admiration pour Newton. Je me tiens pour satisfait de rester pour la France le doyen des étudiants. »

Des applaudissements éclatent de toutes parts. L'estrade sur laquelle se trouve le Président est envahie. Chacun veut s'approcher de M. Chevreul pour lui serrer la main. La plus vive émotion règne dans toute l'assemblée. M. Chevreul se retire, appuyé sur le bras de M. Passy, et va signer le registre de présence. Tous ses confrères l'entourent et le reconduisent à sa voiture, qui l'emporte à la séance de l'Académie des sciences.

Il est trois heures moins un quart.

PARIS. — IMPRIMERIE DE JULES TREMBLAY, RUE DE L'ÉPERON, 5;
Mme Ve TREMBLAY, NÉE BOUCHARD-HUZARD, SUCCESSEUR.

www.ingramcontent.com/pod-product-compliance
Ingram Content Group UK Ltd.
Pitfield, Milton Keynes, MK11 3LW, UK
UKHW020523180726
13839UKWH00005B/2277

9 782329 491998